Andar por la ciudad

Sandy Phan

Asesoras

Shelley Scudder
Maestra de educación de estudiantes dotados
Broward County Schools

Caryn Williams, M.S.Ed.
Madison County Schools
Huntsville, AL

Créditos de publicación

Dona Herweck Rice, *Jefa de redacción*
Lee Aucoin, *Diseñadora de multimedia principal*
Torrey Maloof, *Editora*
Diana Kenney, M.A.Ed., NBCT, *Editora asociada de educación*
Marissa Rodriguez, *Diseñadora*
Stephanie Reid, *Editora de fotos*
Traducción de Santiago Ochoa
Rachelle Cracchiolo, M.S.Ed., *Editora comercial*

Créditos de imágenes: Tapa & págs. 1, 5, 7, 17 Alamy; pág. 21 BigStock; pág. 19 Dreamstime; pág. 9 The Granger Collection; pág. 15 Google Maps; págs. 4, 10–11, 18–19 iStockphoto; pág. 21 (arriba) Diana Kenney; págs. 6, 8, 12–13, 14, 24 Mapping Specialists; todas las demás imágenes de Shutterstock.

Teacher Created Materials
5301 Oceanus Drive
Huntington Beach, CA 92649-1030
http://www.tcmpub.com

ISBN 978-1-4938-0487-0

Índice

¿A dónde?

Las personas van por toda la ciudad. Van a la escuela, al trabajo y a la tienda. Van también a muchos otros lugares. Las personas usan mapas para llegar a donde van.

Los mapas ayudan a las personas a saber hacia dónde deben conducir.

Cartógrafo

Un cartógrafo es una persona que hace mapas.

Este cartógrafo está haciendo un mapa.

¡Dame direcciones!

Los mapas tienen una **rosa de los vientos**. Es un diseño que muestra direcciones. Las direcciones son *norte*, *sur*, *este* y *oeste*. Un mapa podría mostrarte que tu escuela está al este de tu casa.

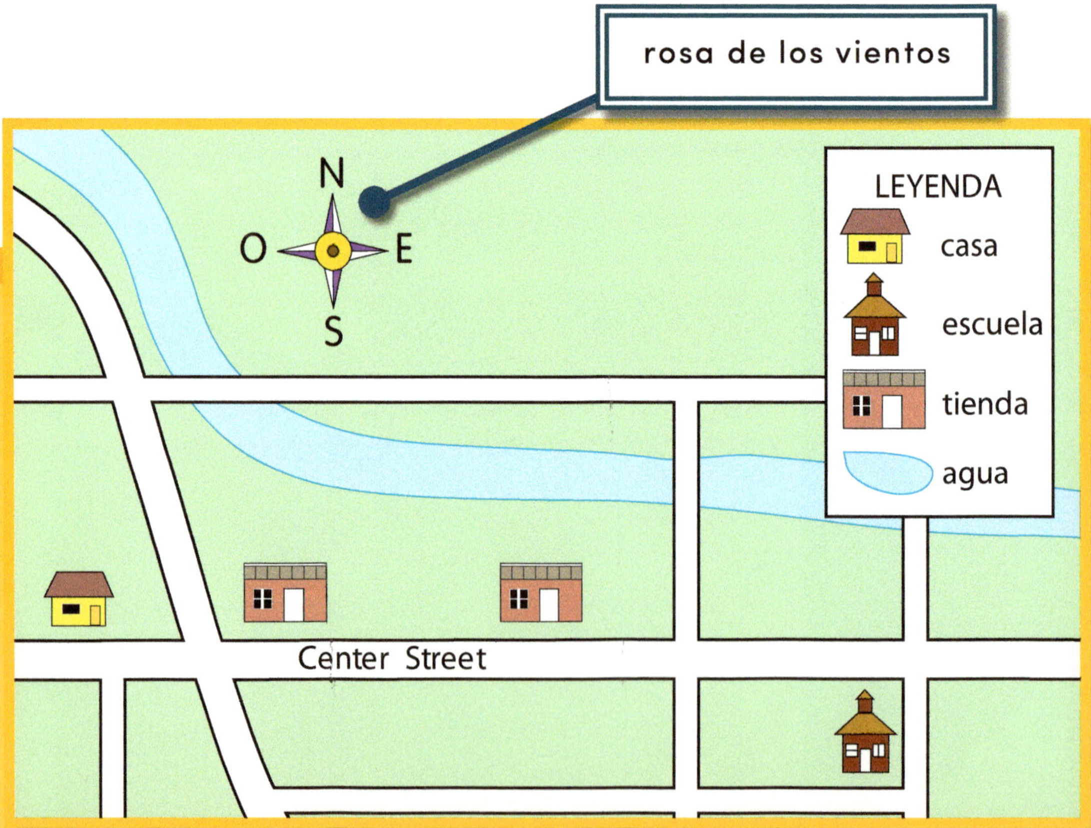

Dos amigos miran un mapa en una ciudad.

Usando mapas

Un mapa es una imagen de toda una ciudad. La **leyenda** te dice lo que significan las líneas, formas y colores. Cada **símbolo** muestra un lugar de la ciudad.

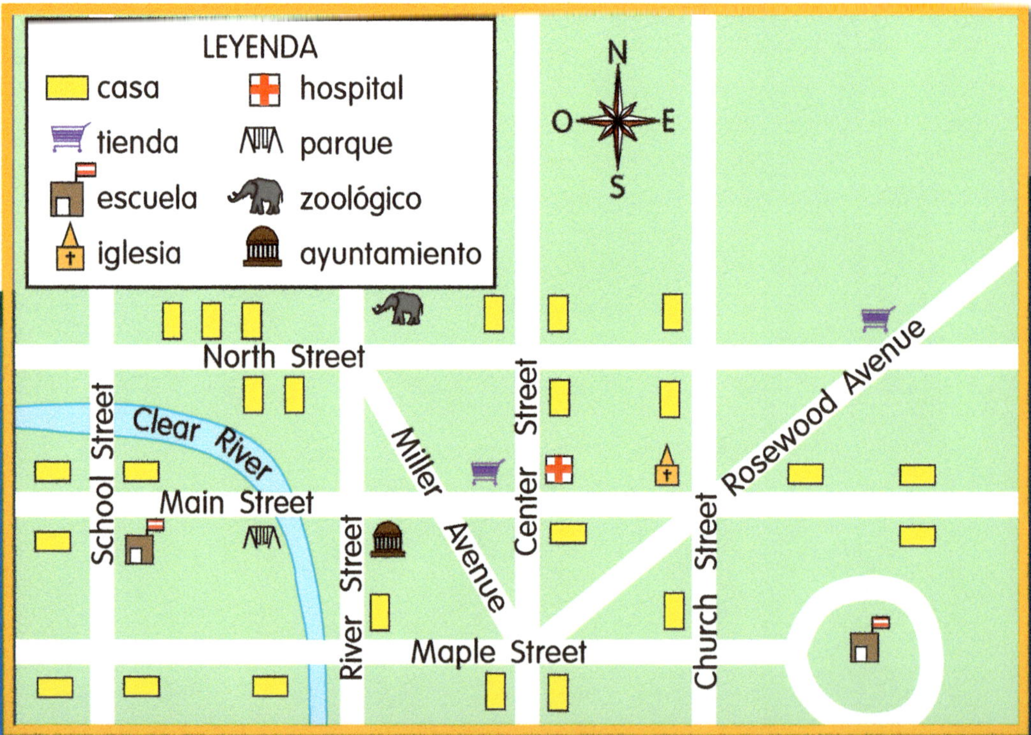

Este mapa tiene una leyenda arriba.

Un mapa de las estrellas

Hace mucho tiempo, las personas usaban las estrellas como un mapa. Los patrones de estrellas les ayudaban a encontrar su camino.

Un marinero encuentra su camino mirando las estrellas.

Las líneas de un mapa muestran caminos, desde grandes autopistas a pequeñas calles. La gente usa estas carreteras para ir de un lugar a otro. Las líneas y formas azules en los mapas muestran áreas de agua.

Lugares importantes

Los símbolos de los mapas muestran lugares importantes. Un autobús puede mostrar una parada de autobús. Una mesa puede mostrar una zona de picnic.

¿Qué tan lejos?

Los lugares reales y la **distancia** entre ellos se dibujan mucho más pequeños en los mapas de lo que son en realidad. La **escala** de un mapa te dice cómo medir las distancias en él. Una pulgada puede ser **igual** a una milla.

Gran escala

En un mapa del mundo, ¡una pulgada puede ser igual a 1,000 millas!

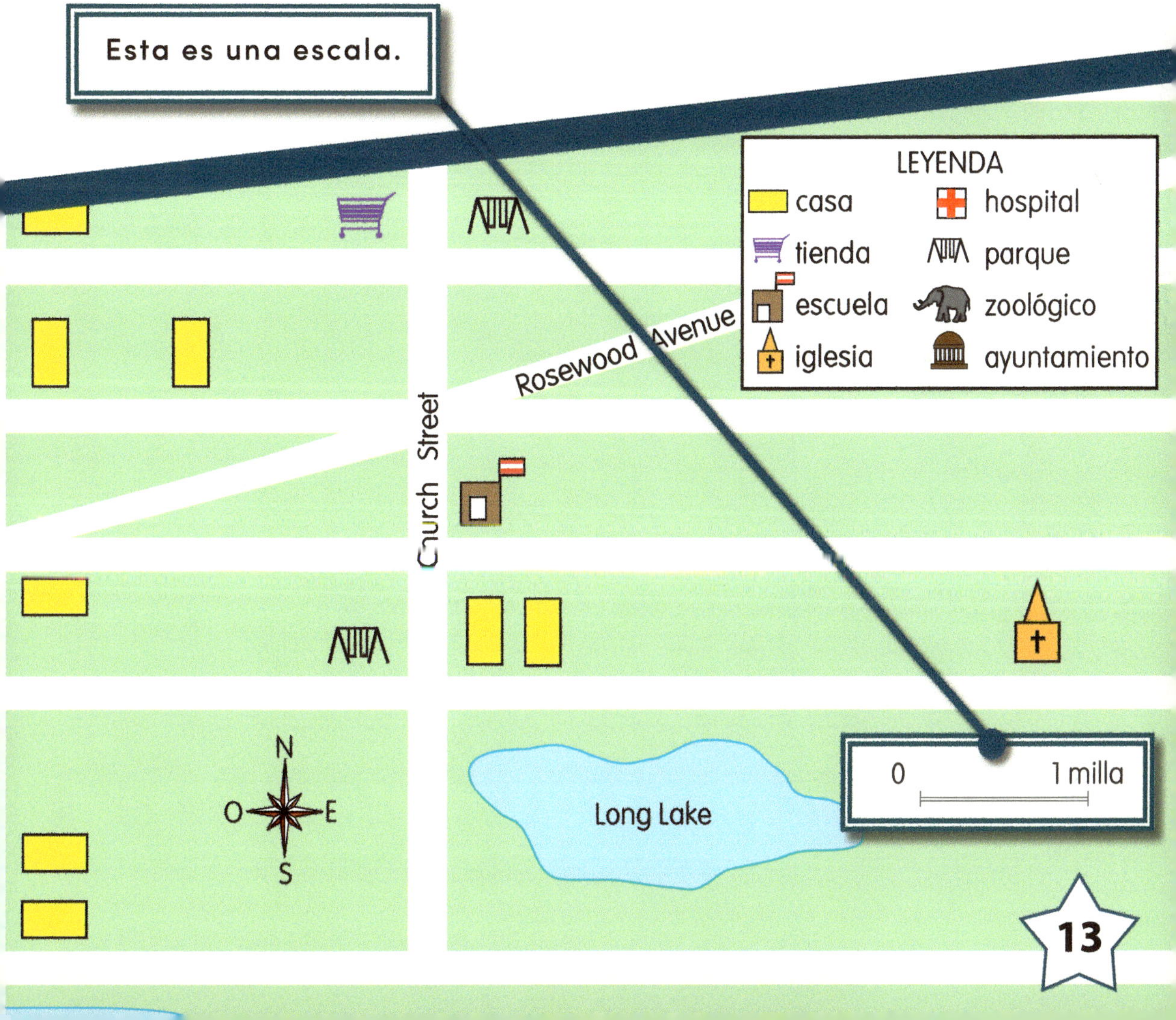

En la cuadrícula

Un mapa puede ser dibujado en una **cuadrícula** con líneas. Una cuadrícula tiene letras y números en dos lados. Hay un rectángulo donde cada letra y número se encuentran. Puedes encontrar un lugar buscando su rectángulo.

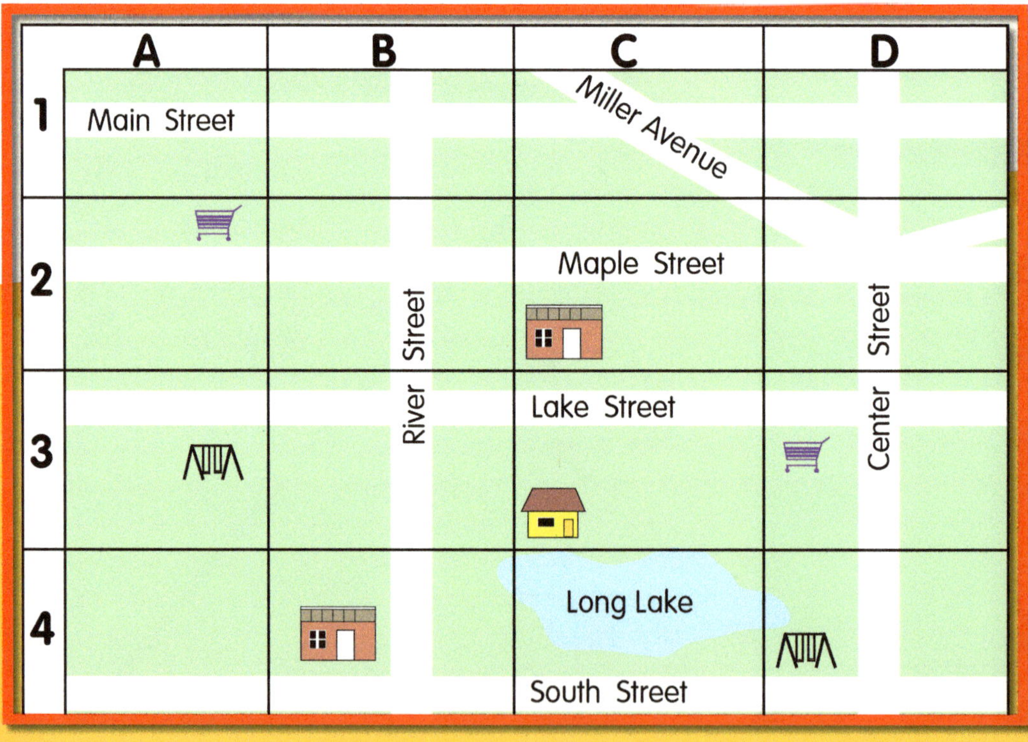

Este mapa tiene una cuadrícula. Muestra una casa en C3.

Mapas de computadora

Muchas personas usan computadoras para buscar mapas. La computadora les ayuda a saber a dónde ir.

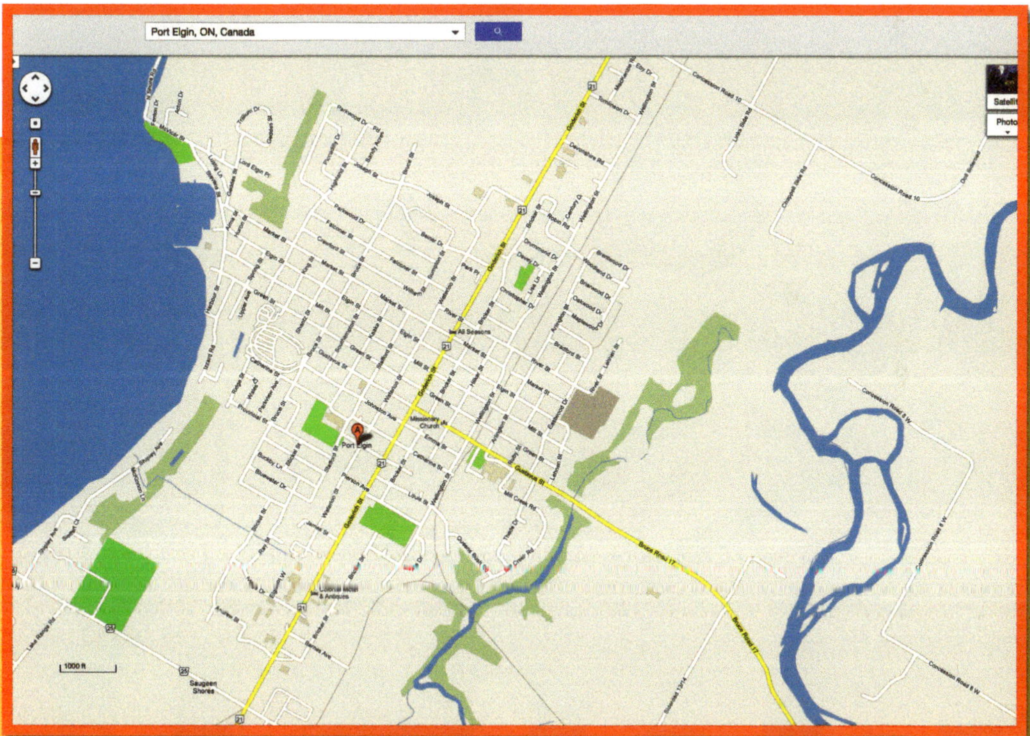

Este mapa es de una computadora.

¿En qué dirección?

Los mapas ayudan a la gente a dar direcciones. Los mapas pueden ayudarte a decidir si debes ir al norte, al sur, al este o al oeste. Sabrás dónde dar vuelta y qué tan lejos ir.

Esta invitación tiene un mapa.

Este niño muestra a su abuelito un lugar en un mapa.

¡Conviértete en un experto de mapas!

Todas las ciudades son diferentes. Pero cada una tiene un mapa. Las partes del mapa te ayudarán a saber dónde estás. ¡Aprende a leer mapas para que puedas andar por cualquier ciudad!

Una niña y su papá usan un mapa en su viaje.

¡Haz un mapa!

Dibuja un mapa de tu ciudad. Incluye los lugares que aparecen abajo. Agrega una rosa de los vientos y una leyenda. Luego, dile a un amigo cómo ir de tu casa a un lugar en la ciudad.

Lugares

- ayuntamiento
- biblioteca
- estación de bomberos
- estación de policía
- hospital
- mi casa
- mi escuela
- oficina de correos
- parque
- supermercado

Este niño dibuja un mapa de su ciudad.

Glosario

cuadrícula: un patrón de líneas que se cruzan unas a otras para formar un rectángulo

distancia: la cantidad de espacio que hay entre dos lugares

escala: una línea utilizada para medir distancias en un mapa

igual: lo mismo

leyenda: una lista que muestra el significado de los símbolos en un mapa

rosa de los vientos: un diseño en un mapa que muestra el norte, el sur, el este y el oeste

símbolo: una imagen o figura en un mapa que representa un lugar o cosa real

Índice analítico

¡Tu turno!

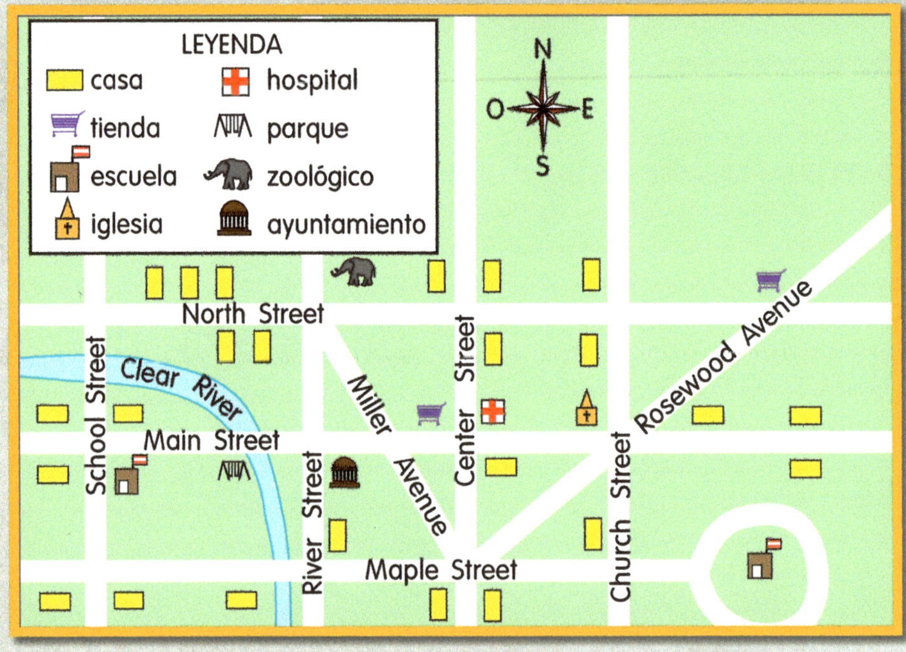

¿Puedes encontrarlo?

Este mapa muestra muchos lugares. Tiene una leyenda para ayudarte. ¿Puedes encontrar una tienda? ¿Puedes encontrar una escuela? ¿Cómo encontraste esos lugares?